Minicocottes

Julie SOUCAIL

›› › PRÉPARATION TRÈS SIMPLE
›› › PRÉPARATION FACILE
›› › PRÉPARATION ÉLABORÉE

• • • PEU COÛTEUSE
• • • RAISONNABLE
• • • CHÈRE

› Photographies : SAEP/Jean-Luc SYREN et Valérie WALTER sous la direction artistique de Jean-Luc SYREN.
› Graphisme : Valérie RENAUD.
› Coordination : SAEP/Éric ZIPPER.
› Composition et photogravure : SAEP/Arts Graphiques.
› Impression : Union Européenne.

Conception › saep création - 68040 Ingersheim - Colmar

Rondes, ovales, petites et colorées, ces minicocottes sont vraiment irrésistibles. Parfaites pour donner un côté « tendance » aux bonnes vieilles recettes du terroir, elles transforment les mets les plus rustiques en délicats petits plats et incitent à revisiter notre patrimoine gastronomique.

› Dans le sillage des verrines, cuillères apéritives, tapas et autres mini-bouchées, elles permettent de multiplier les petites rations, les saveurs et les alliances. *Exit* donc les grandes plâtrées, vive les petites marmites raffinées dont on prend plaisir à soulever le léger couvercle pour se régaler d'abord des effluves qu'elles savent si bien exhaler.

› Beaucoup de recettes peuvent être cuisinées en minicocotte, il convient juste de modifier légèrement la préparation des ingrédients.
Elles s'utilisent aussi comme des ramequins améliorés pour les œufs cocotte, les flans, les gratins ou les parmentiers de toutes espèces.
Elles sont parfaites pour toutes les cassolettes et particulièrement pour cuisiner poissons et fruits de mer. Grâce à leur couvercle, elles permettent de garder les préparations bien au chaud jusqu'à la dégustation.
Mais elles sont trop jolies pour se cantonner aux seuls plats chauds et deviendront rapidement indispensables sur vos tables, où vous les mettrez en scène en proposant de petites entrées froides, salades ou tartares... À l'heure de l'apéritif, on peut aussi y disposer quelques olives, des rondelles de saucisson, des petites sauces et des crudités à tremper... Quant à l'heure du thé, pourquoi ne pas les utiliser pour proposer des minifinanciers ou des madeleines maison, des petits macarons, des truffes...

› Pratiques, elles passent directement du réfrigérateur au four et du four à la table et vous dispensent du service. Elles se nettoient en un clin d'œil d'un coup d'éponge et passent au lave-vaisselle. Elles sont également parfaites pour les repas en amoureux.

FONTE OU CÉRAMIQUE

Les fabricants proposent des modèles en fonte ou en céramique.

La fonte permet une meilleure conduction et répartition de la chaleur et donc une cuisson plus uniforme. Elle conserve mieux les plats à température que les cocottes en céramique.
Plus chères, elles sont aussi beaucoup plus solides et présentent l'avantage de pouvoir être utilisées directement sur la flamme et sur tout type de feu, même s'il est souvent plus pratique de faire revenir les ingrédients préalablement dans une grande poêle puis de terminer la cuisson dans les cocottes individuelles. Cette option est néanmoins intéressante pour cuisiner en petites quantités ou accommoder des restes.
En revanche, la fonte contenant des particules métalliques, ces minicocottes ne doivent en aucun cas être utilisées au four à micro-ondes.
Avant la première utilisation, il vous faudra « culotter » vos cocottes en enduisant l'intérieur d'huile alimentaire, puis les faire chauffer à feu doux pour que l'huile pénètre bien.

Les cocottes en céramique, grès émaillé ou porcelaine sont beaucoup plus économiques à l'achat. Elles sont plus fragiles bien que les modèles en céramique offrent une très bonne résistance.
Ces modèles sont très sensibles aux chocs thermiques et ne peuvent être utilisés directement sur la flamme, il faut impérativement intercaler un diffuseur entre la cocotte et la source de chaleur.
Elles passent du réfrigérateur au four mais attention à les laisser toujours se réchauffer à température ambiante pour éviter les chocs thermiques !
Elles offrent également l'avantage d'une grande légèreté et se nettoient d'un coup d'éponge ou directement dans le lave-vaisselle.

On trouve aussi des cocottes de présentation, généralement en plastique ou silicone, qui ne peuvent être utilisées qu'au four à micro-ondes et jamais au four ni sur la flamme.

05 · minicocottes

QUELQUES CONSEILS PRATIQUES

Les minicocottes se prêtent à un grand nombre de préparations salées ou sucrées, chaudes ou froides. Pour adapter les recettes aux minicocottes, les ingrédients doivent être coupés en petits morceaux et les temps de cuisson, réduits de 5 à 10 minutes environ selon les recettes.

Pour les plats mijotés, nécessitant des cuissons longues, il est préférable de faire revenir les ingrédients et de conduire l'essentiel de la cuisson dans une grande cocotte, une grande poêle ou une sauteuse puis de la terminer dans les petites cocottes. En effet, il est peu pratique et beaucoup plus long de faire revenir un oignon émincé, de surveiller la cuisson ou de mélanger dans 6 cocottes individuelles ! Mieux vaut donc, pour gagner du temps, utiliser un ustensile plus grand.
Il est aussi possible de faire mariner les viandes pendant 12 heures. Cette technique permet d'attendrir la viande et de réduire le temps de cuisson. Pour les plats en sauce, utilisez les ingrédients de la sauce pour préparer la marinade puis faites cuire la viande avec la marinade.

Certaines préparations, le plus souvent à base d'œufs, nécessitent des cuissons douces (comme les flans, les soufflés...), il vous faudra donc utiliser la technique du bain-marie : placez vos cocottes dans un plat à four puis remplissez celui-ci d'eau jusqu'aux deux tiers des cocottes. Utilisez de l'eau chaude et enfournez à four chaud pour que la cuisson démarre immédiatement.

STAUB
STAUB
COCOTTES

QUE FAIRE DANS LES MINICOCOTTES ?

On peut y présenter tous les plats pourvu que les morceaux ne soient pas trop gros, un sauté de veau, par exemple, une daube de bœuf…
Elles se prêtent aux purées de légumes (céleri, patates douces, brocolis, carottes…), qu'on relèvera pour le goût et les couleurs d'herbes fraîches ciselées, d'épices colorées (curry, safran, paprika, cardamome, piment…). On déposera dessus des tranches de magrets, des Saint-Jacques poêlées, une petite paupiette de veau, un manchon de canard confit, des filets de poissons roulés…

On utilisera ces petites cocottes pour tous les gratins, les flans, les parmentiers, mais aussi les tourtes et les terrines, dont vous trouverez plusieurs recettes dans cet ouvrage.

Mais aussi…
› **Des soupes froides ou chaudes,** des soupes gratinées, des bouillons et consommés que vous accompagnerez de petits croûtons ou de pain coupé en cubes… Soupe à l'oignon, aux poireaux gratinées, consommé de volaille, velouté de cresson, gaspacho, soupe froide de concombre…

› **Des petites salades,** en entrée ou bien en accompagnement d'un plat principal : bouquets de mâche, roquette, mesclun, pousses d'épinard accompagnés de lardons, de champignons émincés, de lamelles de poivron, de cubes de gruyère ou de graines germées.

› **Des crustacés et des fruits de mer :** huîtres, moules ou coquilles Saint-Jacques gratinées, crevettes sautées, poulpes ou calamars marinés…

› **Des tapas :** champignons farcis, croquettes, petits carrés de tortilla…

› **À l'apéritif,** cubes de fromage, rondelles de saucisson, olives, yaourts aux herbes, sauce au curry, dips et bâtonnets de crudités, tomates cerise...
Minigougères au gruyère, petites boules de chèvre roulées au poivre, au paprika, au piment...

› **Des desserts :** fruits frais, boules de glace, biscuits émiettés ou petites douceurs tels minifinanciers, minimadeleines... et aussi crumbles, gratins de fruits, sabayons, œufs à la neige...

On peut également les utiliser pour accommoder les restes de viandes, de légumes, de pâtes....

Voici quelques recettes d'appareils qui vous seront utiles pour concocter vos propres recettes.
L'appareil désigne la préparation de base d'une recette et l'ensemble des ingrédients qui la composent.
Les quantités sont données pour 6 minicocottes.

Appareil à flan salé pour légumes
Pour 500 g de légumes (carottes, courgettes, épinards, brocolis...) :
3 œufs entiers + 1 jaune + 25 cl de crème fraîche + 25 cl de lait + 100 g de fromage + sel + poivre + muscade + herbes fraîches.

Éplucher, couper en petits morceaux puis cuire les légumes à l'eau ou à la vapeur jusqu'à ce qu'ils soient tendres. Battre les œufs avec la crème et le lait, ajouter le fromage râpé ou coupé en cubes, saler, poivrer, ajouter la muscade et les herbes ciselées. Cuire à 180 °C (th. 6) pendant 25 minutes.

Appareil à soufflé
Pour 500 g de légumes : 60 g de beurre + 60 g de farine + 40 cl de lait + 4 œufs + 120 g de fromage + sel + poivre + muscade.

Préparer une béchamel avec le beurre, la farine et le lait. Incorporer les jaunes d'œufs, le fromage, les légumes cuits en purée puis les blancs en neige. Saler, poivrer, ajouter la muscade. Cuire au bain-marie 25 minutes à 180 °C (th. 6).

Appareil à clafoutis

Pour 400 g de fruits ou de légumes :
- clafoutis salé : 4 œufs + 30 cl de lait + 30 g de beurre fondu + 100 g de farine + 150 g de fromage + sel + poivre.
- clafoutis sucré : 4 œufs + 30 cl de lait + 80 à 120 g de sucre en poudre (selon les fruits) + 30 g de beurre fondu + 100 g de farine.

Battre les œufs entiers avec le lait et le sucre pour un clafoutis sucré, incorporer le beurre fondu puis la farine en pluie, saler, poivrer et ajouter le fromage râpé s'il s'agit d'un clafoutis salé. Incorporer les fruits ou les légumes coupés en petits morceaux. Cuire à 180 °C (th. 6) pendant 25 minutes.

Pâte à crumble

120 g de beurre + 120 g de farine + 120 g de sucre.

Mélanger tous les ingrédients du bout des doigts pour obtenir une sorte de sable. Parsemer les fruits ou les légumes de miettes de pâte. Enfourner à 210 °C (th. 7) pendant 20 minutes.

Pour une pâte à crumble salée, remplacer le sucre par 25 g de chapelure et 25 g de parmesan râpé.

œufs cocotte aux 2 champignons

20 g de cèpes déshydratés / 130 g de champignons de Paris / 1 gousse d'ail / 20 g de beurre / 1 cuil. à soupe de persil ciselé / 30 cl de crème fraîche / 1 cuil. à café de moutarde / Une pincée de muscade fraîchement râpée / 6 gros œufs / 50 g de gruyère râpé / Sel, poivre du moulin.

6 COCOTTES – PRÉP. : 10 MIN – CUISS. : 10 MIN
REPOS : 20 MIN

1 › Placer les cèpes dans un récipient creux, couvrir d'eau tiède à hauteur, les laisser se réhydrater ainsi pendant 20 minutes.
2 › Retirer le bout terreux des champignons de Paris, les nettoyer sous l'eau, les essuyer puis les émincer.
3 › Égoutter les cèpes et les hacher grossièrement.
4 › Éplucher et passer la gousse d'ail au presse-ail ou la hacher finement. Faire fondre le beurre dans une poêle, faire revenir l'ail préalablement pressé puis faire suer les champignons de Paris et les cèpes pendant 10 minutes, à feu moyen, jusqu'à ce qu'ils aient rendu leur eau. Saler, poivrer, parsemer de persil.
5 › Disposer les champignons dans les cocottes.
6 › Battre la crème avec la moutarde, la muscade, du sel et du poivre. Répartir la moitié du mélange dans les cocottes.
7 › Casser les œufs délicatement et les recouvrir avec le reste de la crème. Parsemer de gruyère râpé.
8 › Préparer un bain-marie : placer les cocottes dans un grand plat allant au four et verser de l'eau chaude jusqu'aux deux tiers des cocottes.
9 › Enfourner à 210 °C (th. 7) pour 8 à 10 minutes, jusqu'à ce que le blanc soit pris.

Servir avec des mouillettes de pain beurré.

œufs cocotte au foie gras et aux truffes

200 g de foie gras mi-cuit / 6 gros œufs / 50 cl de crème fraîche / 70 g de brisures de truffe / Sel, poivre du moulin.

6 MINICOCOTTES – PRÉP. : 10 MIN – CUISS. : 10 MIN

1 › Retirer la graisse du foie gras puis le découper en 6 tranches, les ranger au fond des cocottes.
2 › Casser un à un les œufs, délicatement, dans les cocottes.
3 › Mélanger la crème avec les brisures de truffe, saler et poivrer.
4 › Répartir la crème aux truffes sur les œufs.
5 › Placer les cocottes dans un plat allant au four, remplir celui-ci d'eau chaude jusqu'aux deux tiers des cocottes.
6 › Enfourner à 180 °C (th. 6) pour 8 à 10 minutes.

œufs cocotte aux asperges à l'espagnole

2 cm de chorizo fort / 30 cl de crème fraîche / 300 g de petites asperges vertes en bocal / 6 gros œufs / Sel, poivre du moulin.

6 MINICOCOTTES – PRÉP. : 10 MIN – CUISS. : 10 MIN
REPOS : 15 MIN

1 › Retirer la peau du chorizo, le couper en tranches.
2 › Faire chauffer la crème à feu doux puis y faire infuser le chorizo pendant 15 minutes à couvert.
3 › Retirer les morceaux de chorizo.
4 › Détailler les asperges en petits morceaux, les disposer au fond des cocottes. Répartir la moitié de la crème, saler, poivrer.
5 › Casser les œufs dans les cocottes et les recouvrir avec le reste de crème. Placer les cocottes dans un plat allant au four, verser de l'eau chaude jusqu'aux deux tiers.
6 › Enfourner à 180 °C (th. 6) pour 8 à 10 minutes.

› œufs cocotte aux asperges à l'espagnole p. 13

moules aux poireaux

4 échalotes / 1 gousse d'ail / 600 g de blancs de poireau / 50 g de beurre / 35 cl de vin blanc sec / 800 g de moules surgelées et décoquillées / 20 g de farine / 1 cuil. à soupe de crème fraîche épaisse / Une pincée de curry / 1 cuil. à soupe de persil ciselé / 50 g de gruyère / Sel, poivre du moulin.

6 MINICOCOTTES – PRÉP. : 25 MIN – CUISS. : 55 MIN

1 › Éplucher et hacher les échalotes et l'ail.

2 › Laver, essuyer puis émincer les blancs de poireau.

3 › Faire fondre 15 g de beurre dans une poêle et y faire suer les échalotes et l'ail pendant 2 à 3 minutes, verser le vin blanc, laisser frémir l'ensemble pendant 5 minutes.

4 › Ajouter les moules surgelées, porter à ébullition et laisser cuire 4 à 5 minutes à petits frémissements.

5 › Retirer les moules de la poêle avec une écumoire. Filtrer le jus de cuisson dans une passoire à grille fine.

6 › Faire fondre le reste de beurre dans la casserole, ajouter les poireaux émincés. Les cuire à feu doux pendant 20 minutes, en remuant de temps en temps, jusqu'à ce qu'ils soient fondants.

7 › Saupoudrer de farine et remuer l'ensemble pendant 2 minutes, incorporer 25 cl de jus de cuisson des moules, petit à petit, sans cesser de remuer. Prolonger la cuisson tout en remuant jusqu'à ce que les poireaux soient nappés d'une sauce onctueuse. Ajouter la crème fraîche, saler, poivrer, parfumer d'une pointe de curry et de persil ciselé.

8 › Répartir les moules dans les cocottes. Ajouter les poireaux et leur sauce. Parsemer de gruyère râpé et enfourner à 210 °C (th. 7) pour 10 minutes. Faire gratiner ensuite 5 minutes sous le gril.

cocottes de lotte en matelote

800 g de queues de lotte / 1 oignon / 100 g d'échalote / 2 blancs de poireau / 25 g de beurre / 2 cuil. à soupe d'huile / 1 cuil. à soupe de farine / 1 bouteille de vin rouge / 2 cuil. à café de fond de veau / 1 carré de chocolat noir / 1 branche de thym / 1 feuille de laurier / Sel, poivre du moulin.

6 MINICOCOTTES – PRÉP. : 15 MIN – CUISS. : 55 MIN

1 › Détailler les queues de lotte en tronçons de 3 cm environ.

2 › Éplucher l'oignon et les échalotes, laver les blancs de poireau. Émincer l'ensemble finement.

3 › Faire fondre le beurre et l'huile dans une grande poêle à bords hauts ou une grande cocotte et y faire colorer rapidement les morceaux de lotte de tous côtés.

4 › Retirer le poisson de la poêle et le remplacer par les légumes émincés, les faire suer sans coloration pendant quelques minutes.

5 › Saupoudrer de farine et prolonger la cuisson pendant 2 minutes tout en remuant.

6 › Verser le vin rouge ainsi que 10 cl d'eau, ajouter le fond de veau, le carré de chocolat, le thym et le laurier, saler et poivrer. Couvrir et laisser doucement mijoter pendant 15 minutes puis retirer le couvercle et laisser réduire la sauce pendant environ 15 minutes, la sauce doit être épaisse et onctueuse.

7 › Répartir la lotte dans les minicocottes. Ajouter la sauce, refermer les cocottes et enfourner à 180 °C (th. 6) pour 20 minutes.

Servir avec des tagliatelles ou des pommes vapeur.

cocottes de lasagnes aux champignons

6 feuilles de lasagne / 600 g de champignons de Paris / 3 échalotes / 1 gousse d'ail / 4 cuil. à soupe de fond de veau / 300 g de viande de veau hachée / 2 cuil. à soupe d'huile / 30 g de beurre / 2 cuil. à soupe de farine / 2 cuil. à soupe de crème fraîche épaisse / 1 cuil. à café de moutarde / 6 brins de persil / 50 g de parmesan / Sel, poivre du moulin.

6 MINICOCOTTES – PRÉP. : 20 MIN – CUISS. : 50 MIN

1 › Plonger les lasagnes 5 minutes dans l'eau bouillante. Procéder en plusieurs fois pour éviter qu'elles adhèrent les unes aux autres. Les faire refroidir à plat sur un torchon humide.

2 › Laver les champignons, ôter l'extrémité terreuse puis les émincer.

3 › Éplucher et hacher les échalotes et l'ail.

4 › Dissoudre le fond de veau dans 50 cl d'eau chaude.

5 › Faire revenir la viande dans l'huile pendant 5 minutes, retirer la viande de la poêle et y faire fondre le beurre. Faire revenir les échalotes et l'ail hachés pendant 3 à 4 minutes, ajouter les champignons et les faire suer à feu moyen une dizaine de minutes jusqu'à ce qu'ils aient rendu leur eau. Saupoudrer de farine et laisser cuire 2 minutes sans cesser de remuer.

6 › Ajouter le fond de veau petit à petit, tout en remuant. Laisser mijoter, jusqu'à ce que les champignons soient nappés d'une sauce onctueuse. Incorporer le veau, la crème fraîche et la moutarde, saler et poivrer.

7 › Ciseler le persil.

8 › Couper les feuilles de lasagne en deux dans la largeur. Y découper des disques. Utiliser pour cela les couvercles des cocottes comme emporte-pièce en les appuyant fortement sur les feuilles de lasagne.

9 › Enduire l'intérieur de la cocotte d'huile d'olive. Déposer un morceau de lasagne puis 1 couche de champignons, parsemer d'un peu de persil. Renouveler une fois ce feuilletage.

10 › Terminer en parsemant de parmesan râpé et enfourner pour 10 minutes à 210 °C (th. 7) puis faire gratiner 5 minutes sous le gril.

carbonade de bœuf en minicocottes

2 cubes de bouillon de bœuf / 40 cl de bière / 1 cuil. à café de vinaigre de vin / 1 branche de thym / 1 feuille de laurier / Une bonne pincée de poivre en grains / 1 kg de joues de bœuf / 300 g d'oignons / 3 tranches de pain d'épice (fraîches ou rassises) / 1 cuil. à café de moutarde / 1 cuil. à soupe d'huile / 30 g de beurre / 1 cuil. à soupe de farine / Sel.

6 MINICOCOTTES – PRÉP. : 25 MIN – REPOS : 12 H
CUISS. : 2 H 10 MIN

1 › La veille, dissoudre les cubes de bouillon dans 40 cl d'eau chaude. Laisser refroidir puis délayer ce bouillon avec la bière, ajouter le vinaigre, le thym, le laurier, une pincée de sel et les grains de poivre légèrement écrasés.

2 › Détailler la viande en cubes de 3 cm de côté et les mettre à mariner toute une nuit dans ce mélange.

3 › Le lendemain, éplucher et émincer les oignons. Tartiner les tranches de pain d'épice de moutarde puis les couper en petits cubes.

4 › Bien égoutter la viande au-dessus d'un récipient pour recueillir la marinade puis l'éponger avec du papier absorbant.

5 › Faire chauffer l'huile et le beurre et y faire dorer les cubes de viande sur toutes les faces. Les retirer de la poêle et les remplacer par les oignons émincés. Les faire revenir quelques minutes sans leur faire prendre couleur.

6 › Répartir le pain d'épice dans les petites cocottes, ajouter les oignons au-dessus. Saler, poivrer les cubes de viande puis les saupoudrer de farine. Les déposer sur les oignons dans les cocottes. Recouvrir la viande de marinade après avoir retiré le thym et le laurier. Saler, poivrer.

7 › Refermer les cocottes et enfourner à 210 °C (th. 7) pour 2 heures, baisser la température du four à 150 °C (th. 5) au bout de 15 minutes. Mélanger deux ou trois fois.

8 › Quinze minutes avant la fin de la cuisson, retirer les couvercles pour faire épaissir la sauce.

9 › Vérifier la cuisson avant de servir, la viande doit être tendre et fondante.

Servir accompagné de persil haché, avec des pâtes fraîches, des pommes de terre ou, moins diététique mais tellement bon, des frites.

minipotées au chou

La moitié de 1 petit chou frisé / 400 g de pommes de terre / 1 carotte / 3 petits oignons / 2 branches de thym / 2 feuilles de laurier / 2 cubes de bouillon de volaille / 4 saucisses de Toulouse / Pain de campagne / Gros sel, poivre du moulin.

6 MINICOCOTTES – PRÉP. : 25 MIN – CUISS. : 1 H

1 › Dans un faitout, faire bouillir un grand volume d'eau salée et y plonger le demi-chou. Laisser cuire pendant 10 minutes puis égoutter le chou, le passer sous l'eau bien froide et l'égoutter à nouveau en le retournant dans une passoire.

2 › Éplucher et laver les pommes de terre et la carotte, les couper en petits dés.

3 › Peler les oignons, les couper en quartiers.

4 › Effeuiller le thym et émietter les feuilles de laurier.

5 › Préparer le bouillon en faisant fondre les cubes de bouillon dans 1 l d'eau chaude.

6 › Effeuiller le chou, ôter le trognon et les côtes lorsqu'elles sont trop grosses. Détailler les feuilles de chou en lanières et les répartir dans les cocottes. Ajouter les dés de pomme de terre et de carotte, 2 quartiers d'oignon par cocotte puis le thym et le laurier émiettés. Couvrir de bouillon, poivrer, fermer les cocottes et enfourner à 180 °C (th. 6) pour 30 minutes.

7 › Dans une poêle bien chaude, saisir les saucisses de tous côtés. Les couper en rondelles épaisses et les ajouter dans les cocottes. Poursuivre la cuisson pendant 20 minutes et servir bien chaud accompagné de pain de campagne coupé en cubes.

échine de porc confite à la bière en minicocottes

800 g d'échine de porc / 2 cuil. à soupe de raisins secs / 250 g de carottes nouvelles / 1 cuil. à café de fond de veau / 2 cuil. à soupe d'huile / Six pincées de quatre-épices / 4 brins de coriandre / Sel, poivre du moulin.
Pour la marinade : 1 cuil. à café de poivre en grains / 1 oignon / 30 cl de bière / 2 cuil. à café de moutarde forte / 2 feuilles de laurier / 3 clous de girofle / 2 cuil. à café de miel / Sel.

6 MINICOCOTTES – PRÉP. : 25 MIN – REPOS : 4 H
CUISS. : 1 H 05 MIN

1 › Concasser légèrement les grains de poivre.

2 › Couper la viande en cubes d'environ 2 cm de côté puis la disposer dans un plat creux.

3 › Éplucher et hacher l'oignon. Mélanger tous les ingrédients de la marinade et les verser sur la viande.

4 › Retourner plusieurs fois les morceaux de viande pour qu'ils s'imprègnent bien de sauce.

5 › Couvrir d'un film plastique et réserver au réfrigérateur pendant au moins 3 heures en remuant de temps en temps.

6 › Réhydrater les raisins secs dans un bol d'eau tiède pendant 1 heure.

7 › Éplucher les carottes, les détailler en petits bâtonnets.

8 › Égoutter soigneusement la viande au-dessus d'un récipient pour recueillir la marinade. Éponger les morceaux de viande avec du papier absorbant.

9 › Faire chauffer 10 cl d'eau et y dissoudre le fond de veau. Ajouter le bouillon ainsi obtenu à la marinade.

10 › Faire chauffer l'huile dans une poêle et y faire dorer les cubes de viande de tous côtés.

11 › Les répartir dans les cocottes, ajouter la marinade ainsi que les bâtonnets de carotte et les raisins secs préalablement égouttés. Saler, poivrer, saupoudrer d'une pincée de quatre-épices. Fermer les cocottes et enfourner à 180 °C (th. 6) pour 40 minutes.

12 › Retirer les couvercles et prolonger la cuisson pendant 10 minutes pour faire épaissir la sauce.

13 › Ciseler la coriandre et en parsemer les cocottes avant de servir.

Pratiques, ces cocottes peuvent se préparer la veille et se réchauffer juste avant de servir (15 minutes à four moyen), elles n'en seront que plus savoureuses.

minicocottes de filet mignon de porc à l'ananas

1 cm de gingembre / 2 gousses d'ail / 800 g de filet mignon de porc / 1 boîte d'ananas / 5 cuil. à soupe de sauce de soja / 1 oignon / 2 cuil. à café de miel / 2 cuil. à soupe d'huile / 1 cuil. à soupe de fécule de maïs / 2 cuil. à soupe de coriandre hachée / 2 cuil. à soupe de graines de sésame / Poivre du moulin.

6 MINICOCOTTES – PRÉP. : 25 MIN – CUISS. : 30 MIN REPOS : 30 MIN

1 › Éplucher et râper le gingembre.

2 › Peler et presser la gousse d'ail.

3 › Détailler la viande en médaillons de 1 cm de large.

4 › Égoutter l'ananas au-dessus d'un récipient afin d'en recueillir le jus. Mélanger le jus d'ananas avec la sauce de soja, le gingembre râpé et l'ail pressé.

5 › Faire mariner la viande dans cette préparation pendant 30 minutes.

6 › Éplucher et hacher l'oignon.

7 › Égoutter la viande en prenant soin de recueillir la marinade.

8 › Couper les tranches d'ananas en morceaux, les faire sauter à feu vif avec 3 cuillerées à soupe de marinade. Ajouter le miel et laisser caraméliser.

9 › Faire revenir l'oignon dans l'huile. Ajouter la viande et la faire dorer sur toutes les faces. Verser le reste de marinade dans la poêle, saupoudrer de fécule de maïs et laisser réduire à feu moyen pendant 5 minutes.

10 › Répartir les morceaux d'ananas et les médaillons de porc dans les cocottes, napper de sauce, parsemer de coriandre et donner quelques tours de moulin à poivre.

11 › Faire griller quelques minutes les graines de sésame dans une poêle sans matière grasse et en parsemer les cocottes.

12 › Fermer les cocottes et enfourner à 210 °C (th. 7) pour 15 minutes.

minigratinées à l'oignon

3 cubes de bouillon de volaille / 800 g d'oignons / 40 g de beurre / 25 g de farine / 1 tranche de laurier / 6 tranches de pain / 125 g de gruyère râpé / Sel, poivre du moulin.

6 MINICOCOTTES – PRÉP. : 15 MIN – CUISS. : 25 MIN

1 › Préparer le bouillon : dissoudre les cubes de bouillon dans 1,5 l d'eau. Éplucher et émincer les oignons. Les faire revenir à feu moyen dans le beurre jusqu'à ce qu'ils brunissent légèrement. Saupoudrer de farine, laisser cuire tout en mélangeant quelques instants puis verser un peu de bouillon. Mélanger à nouveau et ajouter le reste du bouillon ainsi que la feuille de laurier.

2 › Couvrir et laisser cuire à petits frémissements pendant 20 minutes. Saler et poivrer.

3 › Faire griller les tranches de pain et le déposer au fond des cocottes, ajouter une poignée de gruyère, verser la soupe et parsemer avec le reste de gruyère.

4 › Faire gratiner sous le gril du four quelques minutes et servir immédiatement.

welsh rarebit

6 tranches de pain de campagne un peu épaisses / 90 cl de bière / 3 grandes tranches de jambon ou 6 petites / 600 g de cheddar / 2 cuil. à café de moutarde / Poivre du moulin.

6 MINICOCOTTES – PRÉP. : 10 MIN – CUISS. : 15 MIN

1 › Découper les tranches de pain pour qu'elles épousent le fond des cocottes. Les faire griller légèrement. Les disposer au fond des cocottes et les arroser de 1 cuillerée à soupe de bière.

2 › Couper les tranches de jambon en deux et en recouvrir le pain.

3 › Détailler le cheddar en petits morceaux.

4 › Verser le reste de la bière dans une casserole et la faire chauffer, ajouter les cubes de fromage et les faire fondre, à feu doux, en remuant bien jusqu'à ce que le mélange soit homogène. Incorporer la moutarde, poivrer.

5 › Verser cette préparation dans les cocottes, la laisser s'imprégner quelques minutes.

6 › Faire gratiner sous le gril pendant 5 minutes.

Servir avec une salade légère et une bière bien fraîche.

› minigratinées à l'oignon

parmentiers de cabillaud au panais

1 kg de panais / 1 cuil. à café de graines de coriandre / 40 g de beurre / 10 cl de crème fraîche / 1 petit bouquet de coriandre / 2 gousses d'ail / 1 sachet de court-bouillon / 800 g de filets de cabillaud / 6 cuil. à soupe de chapelure / Sel, poivre du moulin.

6 MINICOCOTTES – PRÉP. : 25 MIN – CUISS. : 40 MIN

1 › Éplucher le panais, le rincer, le couper en cubes. Faire cuire ces cubes 15 minutes à la vapeur ou à l'eau bouillante salée, jusqu'à ce qu'ils soient tendres.

2 › Écraser les graines de coriandre au mortier.

3 › Passer le panais cuit et les graines de coriandre au mixeur pour obtenir une purée lisse. Incorporer 20 g de beurre coupé en parcelles ainsi que la crème fraîche, saler, poivrer.

4 › Effeuiller et hacher la coriandre.

5 › Éplucher, dégermer puis écraser les gousses d'ail avec un presse-ail ou un mortier.

6 › À l'aide d'un fouet, dissoudre le court-bouillon dans 2 l d'eau froide. Porter à ébullition puis éteindre la flamme. Faire pocher les filets de cabillaud dans le court-bouillon pendant 5 minutes, à couvert.

7 › Égoutter le poisson, écraser la chair à la fourchette. Saler, poivrer, ajouter l'ail et la coriandre hachée. Mélanger intimement.

8 › Disposer le poisson au fond des cocottes puis recouvrir de purée de panais, recouvrir de chapelure et ajouter quelques noisettes de beurre.

9 › Enfourner pour 20 minutes à 180 °C (th. 6).

parmentiers de haddock au céleri

1 kg de céleri-rave / 1 œuf / 2 cuil. à soupe de crème fraîche / Une pincée de noix de muscade fraîchement râpée / 2 cuil. à soupe de ciboulette / 750 g de haddock / 50 cl de lait / 2 feuilles de laurier / 4 échalotes / 25 g de beurre / 6 cuil. à soupe rases de chapelure / Poivre.

6 MINICOCOTTES – PRÉP. : 25 MIN – CUISS. : 50 MIN

1 › Couper le céleri en quartiers pour pouvoir le peler plus facilement. Recouper les quartiers, une fois épluchés, en cubes.

2 › Les faire cuire 10 minutes à la vapeur ou 15 minutes à l'eau bouillante salée, jusqu'à ce qu'ils soient tendres. Égoutter les cubes de céleri dans une passoire et les réduire en purée. Ajouter l'œuf, la crème, un peu de poivre (ne pas saler), la muscade et la ciboulette ciselée.

3 › Placer le haddock dans une sauteuse, verser le lait ainsi que 50 cl d'eau, ajouter le laurier. Couvrir et porter à ébullition, éteindre la flamme et laisser pocher ainsi à couvert pendant 10 minutes. Égoutter le poisson avec une écumoire, laisser refroidir puis effilocher la chair.

4 › Éplucher et ciseler les échalotes, les faire revenir dans 15 g de beurre jusqu'à ce qu'elles deviennent translucides. Les ajouter à la chair de poisson et mélanger.

5 › Étaler une première couche de purée de céleri au fond des cocottes.

6 › Répartir le haddock et le recouvrir avec la purée restante.

7 › Parsemer de chapelure et de petites parcelles de beurre.

8 › Enfourner à 210 °C (th. 7) pour 20 minutes.

› parmentiers de haddock au céleri p. 33

gratins de ravioles à la truite fumée

6 plaques de ravioles / 100 g de truite fumée / 40 cl de crème fraîche liquide / 2 cuil. à soupe de ciboulette hachée / 10 g de beurre / 50 g de gruyère râpé / Poivre du moulin.

6 MINICOCOTTES – PRÉP. : 10 MIN – CUISS. : 25 MIN

1 › Placer les ravioles 10 minutes au congélateur pour pouvoir les séparer plus facilement.
2 › Couper la truite fumée en petits morceaux.
3 › Dans un saladier, mélanger la crème avec la ciboulette hachée et la truite fumée. Poivrer (ne pas saler car la truite est assez salée).
4 › Sortir les ravioles du congélateur au dernier moment. Les séparer les unes des autres en les ajoutant à la crème au fur et à mesure. Mélanger bien l'ensemble.
5 › Répartir la préparation dans les cocottes beurrées.
6 › Parsemer de gruyère râpé.
7 › Enfourner à 180 °C (th. 6) pour 15 minutes puis faire gratiner 5 minutes sous le gril.

gratins de volaille

400 g de pâtes (nouilles, macaronis, coquillettes...) / 1 oignon / 200 g de champignons / 20 g de beurre / 200 g de poulet cuit / 100 g de gruyère râpé / 15 cl de crème fraîche / Une pincée de noix de muscade / Sel, poivre du moulin.

6 MINICOCOTTES – PRÉP. : 15 MIN – CUISS. : 40 MIN

1 › Faire cuire les pâtes à l'eau bouillante salée puis les égoutter.
2 › Éplucher et émincer l'oignon.
3 › Nettoyer les champignons, retirer l'extrémité terreuse puis les détailler en lamelles.
4 › Faire fondre 10 g de beurre dans une poêle et y faire revenir l'oignon pendant 3 minutes, ajouter les champignons, les faire suer à feu vif.
5 › Retirer la peau du poulet, effilocher la chair.
6 › Mélanger intimement les pâtes cuites, les champignons et l'oignon, le poulet et la crème. Saler, poivrer, parfumer de noix de muscade.
7 › Répartir la préparation dans 6 minicocottes, parsemer de gruyère puis de petites parcelles de beurre.
8 › Enfourner à 240 °C (th. 8) pour 15 minutes, jusqu'à ce que le dessus des gratins soit bien doré.

gratins de ravioles à la truite fumée

parmentiers de confit de canard, courgettes et coriandre

2 échalotes / 4 cuisses de canard confites / 4 courgettes / 1 pomme de terre moyenne / 1 cuil. à café de graines de coriandre / 1 gousse d'ail / 50 g de beurre / 1 cuil. à soupe de crème fraîche épaisse / 1/2 bouquet de coriandre / 50 g de gruyère râpé / Sel, poivre du moulin.

6 MINICOCOTTES – PRÉP. : 25 MIN – CUISS. : 50 MIN

1 › Éplucher et hacher finement les échalotes.

2 › Disposer les cuisses de canard dans une sauteuse côté peau, laisser fondre la graisse à feu doux. Retirer les cuisses de canard et les égoutter sur du papier absorbant. Ôter la peau et effilocher la chair.

3 › Réserver 1 cuillerée à soupe de graisse de canard et jeter le reste. Faire revenir les échalotes hachées dans la graisse puis ajouter la chair de canard et cuire à feu moyen pendant 4 à 5 minutes. Saler, poivrer. Réserver.

4 › Laver les courgettes et les essuyer. Avec un couteau économe, retirer une bande de peau sur deux.

5 › Couper les courgettes en petits cubes.

6 › Éplucher, laver puis détailler la pomme de terre en cubes. La cuire à l'eau pendant 15 minutes environ puis l'égoutter.

7 › Écraser légèrement les graines de coriandre avec un mortier. Éplucher et passer la gousse d'ail au presse-ail.

8 › Faire revenir les graines de coriandre, l'ail et les courgettes dans 30 g de beurre puis laisser cuire à feu doux 10 minutes environ jusqu'à ce que les courgettes soient tendres.

9 › Saler, poivrer puis mixer l'ensemble avec la pomme de terre en une purée lisse, incorporer la crème fraîche ainsi que la coriandre finement ciselée.

10 › Répartir la chair de canard dans les cocottes et la recouvrir de purée de courgettes. Parsemer de gruyère râpé et de petites parcelles de beurre.

11 › Enfourner à 180 °C (th. 6) pour 10 minutes, puis faire gratiner sous le gril pendant 5 minutes.

gratins de crêpes bolognaise

Pour la pâte à crêpes : 75 g de farine / 15 cl de lait / 1 œuf / 15 g de beurre salé / Sel, poivre du moulin.
Pour la sauce bolognaise : 1 gousse d'ail / 1 gros oignon / 1 boîte de tomates pelées / 3 cuil. à soupe d'huile d'olive / 300 g de viande hachée / 4 cuil. à café de fond de veau / 1 branche de thym / 1 feuille de laurier / 1 cuil. à café d'origan séché / Sel, poivre du moulin.
Pour la béchamel : 20 g de beurre / 20 g de farine / 25 cl de lait / Sel, poivre.
1 cuil. à soupe d'huile / Gruyère râpé.

6 MINICOCOTTES – PRÉP. : 40 MIN – REPOS : 1 H
CUISS. : 1 H 20 MIN

1 › Préparer la pâte à crêpes : verser la farine dans un récipient creux, y creuser un puits et y verser la moitié du lait. Avec un fouet, délayer progressivement la farine dans le lait et, lorsque le mélange est lisse, incorporer le restant du lait puis l'œuf et le beurre salé préalablement fondu, saler légèrement, poivrer. Mélanger jusqu'à l'obtention d'une pâte bien lisse. Laisser reposer la pâte pendant 1 heure à température ambiante.

2 › Préparer la sauce bolognaise : éplucher et hacher finement l'ail et l'oignon.

3 › Passer le contenu de la boîte de tomates au mixeur pour obtenir un coulis.

4 › Faire chauffer 2 cuillerées à soupe d'huile d'olive dans la poêle et y faire revenir la viande hachée pendant quelques minutes.

5 › Retirer la viande de la poêle, ajouter le restant d'huile d'olive et y faire revenir l'oignon et l'ail hachés pendant 2 minutes, verser le coulis de tomates ainsi que 30 cl d'eau. Délayer le fond de veau, saler, poivrer. Ajouter la viande hachée, la branche de thym et le laurier. Porter à ébullition puis couvrir et laisser cuire 15 minutes à couvert et à feu doux. Retirer le couvercle et laisser épaissir la sauce pendant 15 minutes à petits bouillons. Parsemer d'origan et mélanger.

6 › Graisser une poêle à crêpes de 20 cm de diamètre et la faire chauffer. Étaler une petite louche de pâte, faire cuire les crêpes 1 minute de chaque côté. Les réserver au chaud.

7 › Préparer la béchamel : faire fondre le beurre dans une casserole et y verser la farine. Laisser cuire 3 minutes en remuant sans cesse puis délayer petit à petit avec le lait tiède. Prolonger la cuisson 10 minutes sans cesser de remuer, saler et poivrer.

8 › Dressage des cocottes : farcir les crêpes avec un peu de sauce bolognaise puis les couper en deux et les disposer au fond des cocottes.

9 › Napper de béchamel puis répartir le reste de sauce bolognaise.

10 › Enfourner, sans les couvercles, à 210 °C (th. 7) pour 10 minutes puis passer en mode gril et faire gratiner 5 minutes.

endives au gratin revisitées

Pour la béchamel : 40 g de beurre / 40 g de farine / 50 cl de lait / 50 g de parmesan râpé / 1/2 cuil. à café de poivre en grains / Une pincée de muscade fraîchement râpée / Sel.
5 petites endives / 30 g de beurre / Une pincée de cassonade (sucre en poudre à défaut) / 8 tranches de pain d'épice fraîches ou rassises / 18 petites tranches de magrets fumés / 6 cuil. à café de crème fraîche / Sel, poivre.

6 MINICOCOTTES – PRÉP. : 20 MIN – CUISS. : 55 MIN

1 › Préparer la béchamel : dans une casserole, faire fondre le beurre coupé en petits morceaux.

2 › Ajouter la farine en pluie en mélangeant à l'aide d'un fouet ou d'une spatule.

3 › Laisser cuire, sur feu très doux, pendant 3 à 4 minutes, sans cesser de remuer, puis délayer progressivement avec le lait jusqu'à complète utilisation de celui-ci.

4 › Faire épaissir la préparation, une dizaine de minutes, toujours en remuant, jusqu'à ce que la préparation devienne onctueuse. Incorporer le parmesan râpé. Saler, ajouter les grains de poivre préalablement concassés et la muscade fraîchement râpée.

5 › Laver et essuyer soigneusement les endives. Retirer les feuilles extérieures si elles sont abîmées, les couper en deux dans la longueur. Faire fondre 20 g de beurre et y faire revenir délicatement les endives sur les deux faces pendant quelques minutes, saupoudrer de cassonade puis couvrir et laisser cuire ainsi 15 à 20 minutes jusqu'à ce que les endives soient tendres. Saler, poivrer, ôter le couvercle pour les faire caraméliser. Retirer les endives de la poêle et les laisser tiédir.

6 › Si les tranches de pain d'épice sont fraîches, les couper en cubes et les passer sous le gril pendant 4 minutes en les retournant puis les laisser refroidir.

7 › Placer le pain d'épice dans le bol du mixeur. Donner quelques tours de mixeur jusqu'à obtenir une chapelure.

8 › Recouper les moitiés d'endives en deux, dans la largeur.

9 › Enrouler les tranches de magret autour des morceaux d'endive, en disposer 3 au fond des cocottes. Napper de béchamel, déposer 1 cuillerée à café de crème fraîche, parsemer de chapelure de pain d'épice et de petites parcelles de beurre.

10 › Enfourner pour 10 minutes à 210 °C (th. 7) puis faire gratiner 3 minutes sous le gril.

minitartiflettes au camembert

150 g de lardons / 900 g de pommes de terre / 1 cube de bouillon de volaille / 1 camembert / 1/2 bouquet de ciboulette / Sel, poivre du moulin.

6 MINICOCOTTES – PRÉP. : 20 MIN – CUISS. : 45 MIN

1 › Faire revenir les lardons dans une poêle, sur feu moyen, jusqu'à ce qu'ils soient bien grillés puis les égoutter sur du papier absorbant.

2 › Éplucher, laver et essuyer les pommes de terre. Les couper en très fines rondelles.

3 › Préparer le bouillon en diluant le cube dans 50 cl d'eau chaude.

4 › Couper le camembert en 6 parts.

5 › Ciseler la ciboulette.

6 › Répartir les rondelles de pommes de terre dans les cocottes, ajouter quelques lardons et parsemer de ciboulette, saler, poivrer. Alterner ainsi les couches jusqu'à complète utilisation des ingrédients.

7 › Couper chaque part de camembert en 3 tranches, les disposer dans chaque cocotte. Verser ensuite le bouillon.

8 › Enfourner à 210 °C (th. 7) pour 35 minutes puis faire gratiner sous le gril pendant 5 minutes.

9 › Vérifier la cuisson des pommes de terre et réenfourner quelques minutes si nécessaire.

gratins de potiron au riz au lait

650 g de potiron / 2 petites échalotes / 2 cuil. à soupe d'huile d'olive / 1 cube de bouillon de légumes / 50 cl de lait / 100 g de riz rond arborio / 2 œufs / 50 g de parmesan râpé / Une pincée de Ras el Hanout (quatre-épices à défaut) / 3 brins de persil / 2 brins de coriandre / Sel, poivre du moulin.

6 MINICOCOTTES – PRÉP. : 25 MIN
CUISS. : 1 H 05 MIN

1 › Détailler la tranche de potiron en morceaux pour pouvoir la peler plus facilement. Recouper chaque morceau épluché en cubes.

2 › Peler et ciseler finement l'échalote.

3 › Faire chauffer l'huile d'olive dans une sauteuse et y faire revenir l'échalote environ 2 à 3 minutes. Ajouter les cubes de potiron, remuer pour que chaque morceau s'imprègne d'huile, laisser cuire en remuant pendant 2 minutes. Couvrir d'eau, émietter le cube de bouillon de légumes. Couvrir et laisser cuire 15 à 20 minutes, jusqu'à ce que le potiron soit bien tendre.

4 › Faire chauffer le lait avec une bonne pincée de sel. À ébullition, verser le riz en pluie, remuer puis laisser cuire à petits bouillons pendant 15 minutes en remuant fréquemment.

5 › Lorsque le potiron est cuit, l'égoutter dans une passoire en réservant l'équivalent d'une louche d'eau de cuisson. Mixer la chair de potiron avec les échalotes et le jus de cuisson réservé jusqu'à l'obtention d'une purée lisse.

6 › Ajouter cette purée au riz au lait.

7 › Battre les œufs en omelette et les incorporer en mélangeant rapidement avec une spatule, ajouter également la moitié du parmesan râpé ainsi que le Ras el Hanout.

8 › Ciseler finement les herbes et les incorporer, saler et poivrer.

9 › Répartir le mélange dans les cocottes, parsemer du reste de parmesan.

10 › Enfourner à 210 °C (th. 7) pendant 25 minutes, sans couvercle, terminer la cuisson sous le gril pendant 5 minutes pour que les gratins soient bien dorés.

Servir avec une salade relevée d'une sauce moutarde qui sublimera les saveurs sucrées-salées de ce gratin.

clafoutis de poires à la fourme

350 g de poires / 100 g de fourme d'Ambert (ou de roquefort, bleu d'Auvergne...) / 20 cl de lait / 20 cl de crème fraîche liquide / 4 œufs / 60 g de farine / Sel, poivre du moulin.

6 MINICOCOTTES – PRÉP. : 15 MIN – CUISS. : 25 MIN

1 › Éplucher les poires, ôter le cœur puis les couper en petits dés.
2 › Détailler le fromage en cubes.
3 › Faire chauffer le lait et la crème et y faire fondre le fromage.
4 › Battre les œufs avec la farine, ajouter le mélange lait-crème-fromage, saler, poivrer.
5 › Ajouter les dés de poire. Mélanger.
6 › Répartir cette préparation dans les minicocottes et enfourner à 180 °C (th. 6) pour 25 minutes.

À déguster avec une salade d'endives à l'huile de noix.

clafoutis de tomates cerise au basilic

450 g de tomates cerise / 8 feuilles de basilic / 4 œufs / 30 cl de lait / 30 g de beurre fondu / 100 g de fécule de maïs / 100 g de ricotta / 100 g de parmesan râpé / Sel, poivre du moulin.

6 MINICOCOTTES – PRÉP. : 15 MIN – CUISS. : 25 MIN

1 › Équeuter, laver et essuyer les tomates cerise. Les ranger dans les minicocottes.
2 › Ciseler les feuilles de basilic.
3 › Battre les œufs avec le lait et le beurre fondu. Ajouter petit à petit la fécule de maïs. Mélanger soigneusement pour obtenir une préparation bien lisse.
4 › Incorporer la ricotta et le parmesan râpé ainsi que les feuilles de basilic. Saler, poivrer.
5 › Verser le mélange dans les cocottes sur les tomates cerise.
6 › Enfourner pour 25 minutes à 180 °C (th. 6).

crème brûlée au foie gras

200 g de foie gras cru / 20 cl de crème fraîche / 2 œufs + 2 jaunes / 10 g de beurre / 15 g de cassonade / Sel, poivre du moulin.

6 MINICOCOTTES – PRÉP. : 10 MIN – CUISS. : 45 MIN

1 › Couper le foie gras en petits morceaux. Le mixer avec la crème, les œufs et les jaunes jusqu'à l'obtention d'un mélange homogène et velouté. Répartir cette crème dans les 6 cocottes préalablement beurrées.

2 › Enfourner à 90 °C (th. 3-4) pour 45 minutes. Sortir les cocottes du four et les saupoudrer légèrement de cassonade.

3 › Caraméliser la surface des crèmes avec un chalumeau ou les disposer sous le gril pendant quelques secondes.

flans de brocolis au gorgonzola

500 g de brocolis / 120 g de gorgonzola / 3 œufs + 1 jaune / 25 cl de lait / 25 cl de crème fraîche liquide / Une pincée de noix de muscade / 20 g de beurre / Sel, poivre du moulin.

6 MINICOCOTTES – PRÉP. : 15 MIN – CUISS. : 40 MIN

1 › Laver le brocoli. Séparer les fleurettes des tiges. Couper ces dernières en petits bâtonnets, recouper les fleurettes pour obtenir de petits bouquets. Cuire les bâtonnets 7 à 8 minutes à l'eau bouillante puis ajouter les fleurettes et poursuivre la cuisson 5 minutes jusqu'à ce que toutes les parties soient tendres. Égoutter et mixer l'ensemble pour obtenir une purée.

2 › Faire fondre le gorgonzola à feu très doux puis le laisser refroidir.

3 › Battre les œufs avec le lait, la crème, la noix de muscade, du sel et du poivre. Incorporer le gorgonzola fondu et la purée de brocolis.

4 › Beurrer les cocottes et y verser le mélange.

5 › Disposer les cocottes dans un grand plat allant au four et verser de l'eau chaude jusqu'aux deux tiers des cocottes. Cuire ainsi au bain-marie à 180 °C (th. 6) pendant 20 à 25 minutes.

Servir ces cocottes accompagnées de quelques crudités ou d'une salade verte.

› clafoutis de tomates cerise au basilic p. 48

› crème brûlée au foie gras p. 49

LA COCOTTE

flans de piperade au jambon de Bayonne

1 gousse d'ail / 1 gros oignon / 800 g de tomates / 3 poivrons verts / 3 cuil. à soupe d'huile d'olive / Une pincée de piment d'Espelette / 150 g de jambon de Bayonne / 3 œufs + 2 jaunes / 50 cl de lait / 10 g de beurre / Sel, poivre du moulin.

6 MINICOCOTTES – PRÉP. : 20 MIN
CUISS. : 1 H 05 MIN

1 › Préparer la piperade : éplucher et émincer l'ail et l'oignon.

2 › Plonger les tomates 30 secondes dans l'eau bouillante, les peler et les couper en cubes.

3 › Ouvrir les poivrons, retirer les graines et les membranes blanches, les détailler en fines lanières.

4 › Faire chauffer l'huile et y faire revenir l'ail et l'oignon quelques minutes. Ajouter les légumes. Saler, poivrer, assaisonner d'une pincée de piment d'Espelette.

5 › Couvrir et laisser cuire pendant 35 minutes, les légumes doivent être fondants.

6 › Retirer le couvercle et prolonger la cuisson quelques instants jusqu'à évaporation des liquides.

7 › Hacher grossièrement le jambon de Bayonne.

8 › Battre les œufs avec le lait, saler légèrement, poivrer. Ajouter le jambon et la piperade. Bien mélanger l'ensemble.

9 › Beurrer les cocottes et y répartir la préparation.

10 › Disposer les cocottes dans un plat allant au four, y verser de l'eau chaude jusqu'aux deux tiers des cocottes.

11 › Enfourner pour 25 minutes à 180 °C (th. 6).

soufflés d'artichaut aux crevettes

6 fonds d'artichaut / 200 g de petites crevettes roses décortiquées / 50 g de beurre / 40 g de farine / 40 cl de lait / Une pincée de noix de muscade râpée / 4 œufs / 50 g de gruyère / Sel, poivre du moulin.

6 MINICOCOTTES – PRÉP. : 15 MIN – CUISS. : 55 MIN

1 › Disposer les fonds d'artichaut dans une casserole, couvrir d'eau, ajouter un peu de sel. Compter 12 minutes de cuisson à partir de l'ébullition.

2 › Égoutter les artichauts puis les mixer en une purée lisse.

3 › Couper les crevettes en petits morceaux.

4 › Préparer une béchamel : dans une casserole, faire fondre 40 g de beurre coupé en petits morceaux.

5 › Ajouter la farine en pluie en mélangeant à l'aide d'un fouet ou d'une spatule.

6 › Laisser cuire 3 à 4 minutes, sans cesser de remuer, puis délayer progressivement avec le lait jusqu'à complète utilisation de celui-ci.

7 › Prolonger la cuisson 10 minutes environ, toujours en remuant, jusqu'à ce que la préparation devienne onctueuse.

8 › Assaisonner de sel, de poivre et de muscade râpée.

9 › Incorporer la purée d'artichauts, les jaunes d'œufs un à un et le gruyère râpé.

10 › Monter les blancs en neige et les ajouter à la préparation, en soulevant délicatement avec une spatule.

11 › Incorporer les morceaux de crevette.

12 › Beurrer l'intérieur des cocottes, les remplir aux deux tiers de cette préparation.

13 › Enfourner à 180 °C (th. 6) pour 25 minutes, jusqu'à ce que les soufflés soient bien gonflés.

14 › Déguster immédiatement.

soufflés de potiron à l'emmental

500 g de potiron / 150 g d'emmental / 60 g de beurre / 60 g de farine / 30 cl de lait / 4 œufs / Une pincée de noix de muscade / Sel, poivre du moulin.

6 MINICOCOTTES – PRÉP. : 25 MIN – CUISS. : 45 MIN

1 › Éplucher le potiron puis le couper en cubes. Placer les morceaux de potiron dans une casserole et ajouter 5 cl d'eau et une pincée de sel, cuire à couvert pendant 10 minutes jusqu'à ce qu'ils soient bien tendres.
2 › Râper l'emmental.
3 › Faire fondre le beurre dans une casserole, ajouter la farine en pluie. Laisser cuire 2 minutes puis incorporer petit à petit le lait. Laisser réduire 3 minutes sur feu doux pour obtenir une béchamel bien épaisse.
4 › Égoutter les cubes de potiron dans une passoire à grille fine puis, avec une fourchette, écraser la chair directement dans la passoire pour évacuer le plus de liquide possible. Passer éventuellement au presse-purée pour obtenir une purée bien lisse.
5 › Mélanger cette purée à la béchamel puis ajouter un à un les jaunes d'œufs en remuant bien entre chaque jaune. Incorporer l'emmental râpé.
6 › Saler, poivrer, assaisonner d'une pincée de muscade.
7 › Monter les blancs d'œufs en neige, les ajouter à la préparation en soulevant délicatement avec une spatule.
8 › Remplir les minicocottes aux deux tiers de cette préparation.
9 › Enfourner à 210 °C (th. 7) puis baisser immédiatement la température à 180 °C (th. 6) et cuire pendant 25 minutes.

mezze de rillettes en cocotte

Voici 4 recettes de tartinades pour l'apéritif, à préparer et à présenter dans les minicocottes, accompagnées de petits toasts.

rillettes de thon aux olives

1 boîte de thon de 200 g / 7 olives noires / 1 oignon rouge / 60 g de fromage frais / Jus de citron / Une pincée de piment d'Espelette / Sel.

1 MINICOCOTTE – PRÉP. : 15 MIN – REPOS : 4 H

1 › Égoutter le thon et l'émietter à la fourchette.

2 › Dénoyauter et hacher les olives.

3 › Éplucher et hacher finement l'oignon.

4 › Mélanger intimement ces ingrédients avec le fromage frais et quelques gouttes de jus de citron. Saler, assaisonner de piment d'Espelette.

5 › Remplir une cocotte de ce mélange. Réserver 4 heures au moins au réfrigérateur avant de servir.

rillettes de rougets au poivron rouge

200 g de filets de rouget / 1 cuil. à café de fumet de poisson / 1/4 de poivron rouge / 100 g de fromage ail et fines herbes / 100 g de petits-suisses / Poivre du moulin.

1 MINICOCOTTE – PRÉP. : 15 MIN – CUISS. : 25 MIN
REPOS : 4 H 20 MIN

1 › Disposer les filets de rouget dans une sauteuse, couvrir d'eau, saler et ajouter le fumet de poisson. Porter à ébullition puis laisser cuire 8 à 10 minutes à petits frémissements. Égoutter les filets de poisson.

2 › Placer le poivron, côté peau, sous le gril pendant 15 minutes puis le laisser reposer 20 minutes dans un bol couvert de film plastique.

3 › Peler et détailler le poivron en cubes.

4 › Écraser les filets de rouget et les mélanger intimement avec les autres ingrédients. Poivrer.

5 › Réserver au réfrigérateur pendant au moins 4 heures.

rillettes de lapin

1 oignon / 2 clous de girofle / 2 échalotes / 1 carotte / 400 g de morceaux de lapin / 3 cuil. à soupe de graisse d'oie / 1 branche de thym / 1 feuille de laurier / 20 cl de vin blanc sec / 2 pruneaux / Sel, poivre du moulin.

1 MINICOCOTTE – PRÉP. : 30 MIN – CUISS. : 3 H
REPOS : 12 H

1 › Éplucher l'oignon et le couper en quartiers, piquer les clous de girofle dans les quartiers.

2 › Peler les échalotes et les ciseler.

3 › Éplucher, laver puis détailler la carotte en rondelles.

4 › Faire revenir les morceaux de lapin dans 2 cuillerées à soupe de graisse d'oie, ajouter l'oignon, les échalotes, la carotte, le thym et le laurier. Mouiller avec le vin blanc, saler, poivrer. Couvrir et laisser cuire à feu doux pendant 3 heures en mélangeant de temps en temps.

5 › Désosser les morceaux de lapin, effilocher la chair. Couper les pruneaux en petits morceaux.

6 › Faire légèrement chauffer le reste de graisse d'oie et l'incorporer soigneusement à la chair de lapin en travaillant avec une spatule. Ajouter les morceaux de pruneau, saler, poivrer, mélanger à nouveau.

7 › Réserver 12 heures au réfrigérateur.

rillettes de morue fraîche aux pois chiches et au wasabi

150 g de filets de morue dessalés / 1 feuille de laurier / 100 g de pois chiches cuits en boîte / 1/2 cuil. à café de wasabi / Sel, poivre du moulin.

1 MINICOCOTTE – PRÉP. : 20 MIN – CUISS. : 7 MIN
REPOS : 28 H

1 › Disposer la morue dans une casserole avec la feuille de laurier, recouvrir le tout d'eau froide.

2 › Dès les premiers frémissements, éteindre la flamme, couvrir et laisser pocher pendant 7 minutes environ. Égoutter et laisser refroidir.

3 › Retirer la peau des pois chiches puis les mixer en purée.

4 › Ôter la peau et les arêtes de la morue. La hacher grossièrement et la mélanger avec la purée de pois chiches et le wasabi.

5 › Réserver 4 heures au réfrigérateur avant de servir.

› rillettes de lapin p. 59

› rillettes de morue fraîche aux pois chiches et au wasabi
p. 59

croustades de boudin aux 2 pommes

300 g de pommes / 300 g de pommes de terre / 40 g de beurre demi-sel / 3 cuil. à soupe d'huile / 1/2 cuil. à café de quatre-épices / 1 cuil. à soupe de persil haché / 400 g de boudin noir / 2 oignons / 4 feuilles de pâte filo / 25 g de beurre / Sel, poivre du moulin.

6 MINICOCOTTES – PRÉP. : 20 MIN – CUISS. : 40 MIN

1 › Éplucher les pommes, retirer le cœur et les pépins.

2 › Peler les pommes de terre, les rincer et les essuyer.

3 › Couper les pommes et les pommes de terre en petits dés.

4 › Faire fondre le beurre demi-sel avec 1 cuillerée à soupe d'huile et y faire revenir les dés de pomme de terre pendant 5 minutes, ajouter les pommes, poursuivre la cuisson pendant 5 minutes. Saler, poivrer, ajouter le quatre-épices et le persil haché.

5 › Retirer la peau du boudin noir, ajouter sa chair au contenu de la poêle.

6 › Éplucher et hacher finement les oignons. Les faire revenir quelques minutes dans le reste d'huile jusqu'à ce qu'ils deviennent translucides et les ajouter au mélange.

7 › Répartir cette farce dans les cocottes.

8 › Superposer les feuilles de pâte filo, découper des bandes de 1 cm de large.

9 › Faire fondre le beurre doux, plonger une à une les bandes de pâte dans le beurre fondu puis les disposer en vrac sur la farce.

10 › Enfourner pour 20 à 25 minutes à 180 °C (th. 6), jusqu'à ce que le dessus des croustades soit bien doré.

croustades de poulet à la marocaine

2 cuil. à soupe de raisins secs / 1 bouquet de coriandre / 250 g d'oignons / 2 cm de gingembre / 3 cuil. à soupe d'huile d'olive / 5 cuisses de poulet / 1 cuil. à café de cannelle / 1/2 cuil. à café de Ras el Hanout / 1 dosette de safran / 1 cuil. à soupe de miel / 200 g de poudre d'amande / 3 feuilles de brick / 30 g de beurre / 2 cuil. à soupe d'eau de fleur d'oranger / Sel, poivre du moulin.

6 MINICOCOTTES – PRÉP. : 25 MIN – REPOS : 20 MIN
CUISS. : 1 H 20 MIN

1 › Faire gonfler les raisins secs dans un bol d'eau tiède, à couvert, le temps de la préparation.

2 › Effeuiller puis ciseler la coriandre.

3 › Éplucher et émincer les oignons.

4 › Peler le gingembre puis le râper.

5 › Faire chauffer l'huile d'olive dans une grande cocotte ou une sauteuse et y faire dorer les morceaux de poulet. Lorsque le poulet est bien doré, ajouter les oignons émincés, la coriandre ciselée, le gingembre râpé, la cannelle, le Ras el Hanout, le safran et le miel. Verser 20 cl d'eau, saler et poivrer. Couvrir et laisser cuire très doucement pendant 45 minutes jusqu'à ce que le poulet soit assez cuit pour que la chair se détache bien de l'os.

6 › Retirer les cuisses de poulet puis augmenter la flamme sous la cocotte pour faire réduire son contenu.

7 › Désosser les cuisses de poulet, retirer la peau puis effilocher finement la chair.

8 › Mélanger la chair du poulet avec la poudre d'amande et les raisins secs préalablement égouttés. Lorsque les liquides se sont complètement évaporés, incorporer le contenu de la cocotte. Saler, poivrer, mélanger intimement.

9 › Répartir cette farce dans les cocottes.

10 › Superposer les feuilles de brick, à l'aide de ciseaux de cuisine, les découper en bandes de 1 cm de large. Tremper chaque bande dans le beurre fondu, les déposer en vrac sur la farce, de manière à obtenir un effet froissé.

11 › Arroser de fleur d'oranger.

12 › Enfourner à 180 °C (th. 6) pour 30 minutes.

tourtes de cabillaud à l'oseille

800 g d'oseille / 30 g de beurre / 600 g de filets de cabillaud / 45 cl de crème fraîche / 4 pommes de terre / 1 rouleau de pâte feuilletée / 10 cl de vin blanc / 3 jaunes d'œufs / Sel, poivre du moulin.

6 MINICOCOTTES – PRÉP. : 30 MIN – CUISS. : 35 MIN

1 › Laver l'oseille, l'égoutter puis la faire revenir dans 20 g de beurre à feu doux pendant 5 minutes.

2 › Écraser les filets de poisson à la fourchette ou au mortier. Ajouter 35 cl de crème fraîche. Saler, poivrer, bien mélanger et réserver au réfrigérateur, couvert d'un film plastique.

3 › Éplucher, laver et essuyer les pommes de terre. Les détailler en fines rondelles.

4 › Découper des disques dans la pâte feuilletée, ceux-ci doivent être légèrement plus larges que le diamètre des cocottes. Pour cela, placer sur la pâte les couvercles des cocottes et, avec la pointe d'un couteau, découper un cercle tout autour.

5 › Beurrer les cocottes et tapisser le fond de rondelles de pommes de terre.

6 › Répartir la préparation au poisson puis ajouter l'oseille, répartir le reste de crème fraîche, arroser de vin blanc. Battre 1 jaune d'œuf avec un peu d'eau froide, en badigeonner le tour des cercles de pâte. Les disposer sur les cocottes, à la place des couvercles. Souder la pâte en appuyant tout autour contre la paroi extérieure.

7 › Strier la pâte avec la pointe d'un couteau pour la décorer puis badigeonner de jaunes d'œufs battus.

8 › Faire un petit trou au centre du couvercle de pâte.

9 › Enfourner à 180 °C (th. 6) pendant 30 minutes.

tourtes à la viande

1 petit pain au lait ou 3 tranches de pain brioché / 20 cl de lait / 4 échalotes / 1 gousse d'ail / 200 g de champignons de Paris / 40 g de beurre / 400 g de viande de bœuf hachée / 200 g de chair à saucisse / 2 œufs + 2 jaunes / Une pincée de muscade fraîchement râpée / 2 cuil. à soupe de persil haché / 1 pâte feuilletée / Sel, poivre du moulin.

6 MINICOCOTTES – PRÉP. : 25 MIN – CUISS. : 45 MIN

1 › Émietter le pain et le faire tremper dans le lait.

2 › Éplucher les échalotes et la gousse d'ail, laver et essuyer soigneusement les champignons puis hacher le tout.

3 › Faire fondre 30 g de beurre dans une poêle et y faire revenir les échalotes et l'ail. Ajouter les champignons, augmenter la flamme et faire suer à feu moyen, jusqu'à ce que les champignons aient rendu toute leur eau.

4 › Dans un saladier, rassembler le bœuf haché et la chair à saucisse, ajouter le mélange échalotes-ail-champignons et les 2 œufs entiers. Presser le pain pour l'essorer et le joindre au mélange. Saler, poivrer, ajouter la noix de muscade et le persil. Bien mélanger l'ensemble.

5 › Beurrer les cocottes à l'aide d'un pinceau et y répartir la farce.

6 › Dérouler la pâte feuilletée et y découper 6 disques d'un diamètre légèrement supérieur à celui des cocottes. Utiliser pour cela les couvercles des cocottes.

7 › Battre 1 jaune d'œuf avec un peu d'eau froide. En badigeonner le tour des cercles de pâte puis les disposer sur les cocottes à la place des couvercles. Les souder en appuyant bien contre la paroi extérieure des cocottes. Décorer la surface de la pâte en la striant avec la pointe d'un couteau. La dorer avec le jaune d'œuf restant et percer au centre une petite cheminée pour que la vapeur puisse s'échapper.

8 › Enfourner à 210 °C (th. 7) pour 35 minutes.

On peut réaliser cette tourte en remplaçant tout ou partie de la viande par des restes de viandes ou de volaille.

tourtes financières aux ris de veau

400 g de ris de veau / 4 échalotes / 3 petites quenelles nature / 400 g de champignons / 2 cuil. à café de fond de veau / 20 g de beurre / 3 jaunes d'œufs / 15 cl de crème fraîche / 2 cuil. à soupe de porto / 1 rouleau de pâte feuilletée / Sel, poivre du moulin.

••• ››› 6 MINICOCOTTES – PRÉP. : 25 MIN – CUISS. : 45 MIN

1 › Déposer les ris de veau dans une casserole remplie d'eau froide, porter doucement à ébullition, faire blanchir 1 minute puis égoutter les ris. Retirer délicatement les membranes qui les recouvrent puis les détailler en petits dés.

2 › Éplucher et émincer les échalotes.

3 › Couper les quenelles en demi-rondelles.

4 › Laver les champignons, retirer le bout terreux, les couper en lamelles.

5 › Délayer le fond de veau dans 20 cl d'eau chaude.

6 › Dans une poêle, faire rissoler quelques minutes les échalotes dans le beurre puis ajouter les champignons. Les faire suer pendant 10 minutes jusqu'à ce qu'ils aient rendu leur eau. Ajouter les ris, les quenelles et le fond de veau. Saler, poivrer.

7 › Faire mijoter doucement pendant 10 minutes environ.

8 › Battre 1 jaune d'œuf avec la crème. Hors du feu, ajouter ce mélange dans la poêle, mouiller avec le porto.

9 › Bien mélanger puis répartir dans les cocottes. Fermer les cocottes pour maintenir au chaud.

10 › Découper 6 disques de pâte feuilletée, utiliser les couvercles comme guide. Étaler légèrement les disques au rouleau à pâtisserie pour les agrandir. Battre 1 jaune d'œuf avec un peu d'eau froide et en badigeonner le pourtour des cercles. Les disposer au-dessus des cocottes, à la place des couvercles. Appuyer bien contre les bords extérieurs de la cocotte pour les souder.

11 › Décorer la pâte en dessinant des stries avec la pointe d'un couteau puis percer le centre de ces couvercles pour y faire une petite cheminée. Les badigeonner au pinceau avec le jaune d'œuf restant, préalablement battu.

12 › Enfourner à 210 °C (th. 7) pour 20 minutes environ. Sortir les tourtes du four quand la croûte de pâte est bien dorée.

› tourtes à la viande p. 68

saucisses en brioche

Pour la pâte à brioche : 10 g de levure fraîche de boulanger / 125 g de beurre mou / 3 œufs / 250 g de farine / 12 g de sucre en poudre / 1/2 cuil. à café de sel.
3 ou 4 saucisses au couteau ou saucisse de Toulouse / 1 œuf.

6 MINICOCOTTES – PRÉP. : 30 MIN – CUISS. : 35 MIN
REPOS : 2 H

1 › Dissoudre la levure dans 2 cuillerées à soupe d'eau tiède.

2 › Détailler le beurre mou en petites parcelles.

3 › Casser les œufs et les battre à la fourchette.

4 › Verser la farine dans un récipient creux, creuser un puits et y ajouter les œufs battus, le sel, le sucre et la levure.

5 › Mélanger l'ensemble à l'aide d'une spatule en faisant tomber peu à peu la farine au centre.

6 › Lorsque le mélange est bien homogène, incorporer les petits morceaux de beurre. Pétrir la pâte jusqu'à ce qu'elle soit lisse et bien souple. Former une boule de pâte, couvrir d'un torchon et laisser reposer à température ambiante pendant 2 heures, la pâte doit doubler de volume.

7 › Étaler la pâte au rouleau et y découper 12 disques un peu plus larges que le diamètre des cocottes.

8 › Faire revenir les saucisses à la poêle quelques minutes puis les couper en morceaux de 1 cm.

9 › Placer un disque de pâte au fond de la cocotte en faisant remonter les bords sur les parois, disposer 2 ou 3 morceaux de saucisse et recouvrir d'un disque de pâte, rentrer les bords à l'intérieur de la cocotte. Renouveler l'opération pour les autres cocottes.

10 › Battre l'œuf et badigeonner les couvercles de pâte à l'aide d'un pinceau.

11 › Enfourner à 210 °C (th. 7) pendant 30 minutes.

Pour gagner du temps, on peut remplacer la pâte à brioche par de la pâte feuilletée toute prête.

terrines de foies de volaille

1 oignon / 1 carotte / 1 branche de thym / 2 feuilles de laurier / Une pincée de baies de genièvre / 6 cl de cognac / 500 g de foies de volaille / 1 poignée de mie de pain / 10 cl de lait / 250 g d'échine de porc / 100 g de gorge de porc / 150 g de chair à saucisse / 1 cuil. à soupe de persil haché / 2 œufs / 3 cuil. à soupe de farine / 1 sachet de gelée au madère / 2 cuil. à café de sel / Sel, poivre.

6 MINICOCOTTES – PRÉP. : 30 MIN – CUISS. : 1 H
REPOS : 24 H

1 › Éplucher et hacher l'oignon.

2 › Peler, laver la carotte, l'émincer.

3 › Effeuiller le thym et émietter le laurier dans un récipient creux. Ajouter l'oignon et la carotte, les baies de genièvre préalablement écrasées, une pincée de sel et de poivre, verser le cognac. Incorporer les foies de volaille. Couvrir de film plastique et laisser mariner toute la nuit au réfrigérateur.

4 › Le lendemain, égoutter les foies en conservant la marinade. Filtrer la marinade dans une passoire à grille fine.

5 › Faire tremper la mie de pain dans le lait puis l'essorer en la pressant à la main.

6 › Couper l'échine, la gorge de porc et les foies de volaille en petits morceaux ou les passer au hachoir à viande.

7 › Mélanger ces viandes avec la chair à saucisse, la mie de pain et le persil. Ajouter la marinade filtrée, les œufs battus, le sel. Poivrer généreusement.

8 › Répartir la préparation dans les minicocottes, fermer les couvercles. Mélanger la farine avec un peu d'eau pour obtenir une pâte collante puis étaler cette pâte autour des couvercles pour les souder et empêcher les vapeurs de cuisson de s'échapper.

9 › Placer les cocottes dans un récipient allant au four, y ajouter de l'eau chaude jusqu'aux deux tiers des cocottes.

10 › Enfourner à 210 °C (th. 7) pour 1 heure.

11 › Retirer les terrines du four, ôter les couvercles en cassant la croûte.

12 › Préparer la gelée en suivant les indications du paquet et la couler sur les terrines.

13 › Laisser refroidir puis entreposer au réfrigérateur pendant au moins 12 heures.

Servir avec des tranches de pain grillées, des cornichons, de la confiture d'oignons...

terrines de chèvre, tomates et poivrons au coulis de basilic

4 poivrons verts, jaunes et rouges / 500 g de tomates / 6 feuilles de gélatine / 800 g de fromage de chèvre frais / 30 cl de crème fraîche / Sel, poivre du moulin.
Pour le coulis de basilic : 1 bouquet de basilic / 1 gousse d'ail / 5 cl d'huile d'olive / 1 cuil. à soupe de yaourt / Sel, poivre du moulin.

6 MINICOCOTTES – PRÉP. : 40 MIN – CUISS. : 15 MIN REPOS : 13 H

1 › Ouvrir les poivrons en deux, ôter les graines et les membranes blanches, à l'aide d'un petit couteau.
2 › Disposer les poivrons, côté peau, sous le gril, pendant 15 minutes environ jusqu'à ce que leur peau cloque et noircisse. Débarrasser les poivrons dans un saladier, couvrir hermétiquement de film alimentaire et laisser reposer 30 minutes.
3 › Plonger les tomates 30 secondes dans l'eau bouillante. Les peler, les épépiner puis les couper en petits dés.
4 › Les faire dégorger 30 minutes dans une passoire.
5 › Faire tremper les feuilles de gélatine dans un bol d'eau froide pour les ramollir.
6 › Les essorer puis les faire fondre au bain-marie.
7 › Écraser le chèvre à la fourchette, le mélanger à la crème et aux feuilles de gélatine fondues, saler et poivrer.
8 › Retirer la peau des poivrons puis les détailler en lamelles.
9 › Étaler les dés de tomate en couche dans chaque cocotte, ajouter une couche de chèvre puis de lamelles de poivron en alternant les couleurs et ainsi de suite jusqu'à épuisement des ingrédients, en terminant par les poivrons.
10 › Refermer les cocottes puis réserver au réfrigérateur pendant 12 heures.
11 › Laver, essorer puis effeuiller le basilic. Réserver quelques feuilles pour la décoration.
12 › Éplucher et dégermer la gousse d'ail.
13 › Mixer les feuilles de basilic avec l'huile d'olive, le yaourt, l'ail, sel et poivre, jusqu'à obtenir un coulis onctueux.
14 › Au moment de servir, décorer les terrines avec les feuilles de basilic réservées. Accompagner du coulis de basilic.

Servir avec une salade verte agrémentée de pignons grillés à la poêle.

clafoutis aux abricots, miel et éclats de pistaches

500 g d'abricots / 50 g de beurre / 3 cuil. à soupe de cassonade / 15 cl de lait d'amande / 10 cl de crème fraîche / 2 cuil. à soupe de miel / 4 œufs / 125 g de sucre en poudre / 100 g de farine / 3 cuil. à soupe de pistaches mondées / 3 sachets de sucre vanillé.

6 MINICOCOTTES – PRÉP. : 15 MIN – CUISS. : 35 MIN

1 › Couper les abricots en quartiers. Faire fondre le beurre dans une poêle, ajouter les quartiers d'abricot et faire revenir quelques secondes. Saupoudrer avec la cassonade, augmenter la flamme pour faire caraméliser les abricots.

2 › Beurrer l'intérieur des cocottes et y ranger les abricots.

3 › Faire chauffer le lait d'amande et la crème fraîche et y délayer le miel. Laisser refroidir.

4 › Battre les œufs avec le sucre jusqu'à l'obtention d'un mélange mousseux. Incorporer la farine en pluie puis verser le mélange crème-lait-miel. Mélanger pour obtenir une pâte bien lisse puis la verser sur les abricots. Concasser grossièrement les pistaches à l'aide d'un mortier puis les parsemer sur les clafoutis.

5 › Enfourner à 210 °C (th. 7) pour 25 minutes.

6 › Saupoudrer de sucre vanillé dès la sortie du four.

7 › À déguster tiède ou froid.

crumble fraise-rhubarbe aux sablés bretons

400 g de rhubarbe / 130 g de sucre roux / 20 g de gingembre / 300 g de fraises / 9 sablés bretons / 40 g de farine / 40 g de beurre mou.

6 MINICOCOTTES – PRÉP. : 25 MIN – CUISS. : 30 MIN

1 › Couper la rhubarbe en tronçons et les disposer dans une casserole.
2 › Ajouter 80 g de sucre roux et laisser cuire 15 minutes jusqu'à ce que la rhubarbe soit tendre et qu'elle ait rendu son jus.
3 › Éplucher et râper le gingembre.
4 › Équeuter, laver et couper les fraises en deux.
5 › Mélanger la rhubarbe, le gingembre et les fraises. Répartir ce mélange dans les minicocottes.
6 › Passer les sablés au mixeur pour les réduire en poudre. Rassembler cette poudre avec la farine et le reste de sucre roux dans un saladier, incorporer le beurre mou coupé en petites parcelles. Malaxer l'ensemble à la main jusqu'à obtenir un mélange sableux.
7 › Parsemer les fruits de cette pâte à crumble.
8 › Enfourner pour 10 minutes à 210 °C (th. 7) puis faire gratiner sous le gril pendant 5 minutes.

Servir avec de la crème fraîche.

› fars aux pommes

fars aux pommes

80 cl de lait / 70 g de beurre demi-sel / 4 œufs / 150 g de sucre en poudre / 200 g de farine / 1 cuil. à soupe de rhum ou de Grand Marnier / 4 pommes / 2 sachets de sucre vanillé.

6 MINICOCOTTES – PRÉP. : 20 MIN – CUISS. : 30 MIN

1 › Faire chauffer le lait et y faire fondre 60 g de beurre.

2 › Casser les œufs et les battre avec 125 g de sucre, incorporer la farine en pluie. Délayer en versant un peu de lait puis ajouter le reste du lait petit à petit en fouettant pour obtenir une pâte bien lisse.

3 › Parfumer la pâte avec le rhum.

4 › Éplucher les pommes, ôter le cœur et les pépins. Couper les pommes en lamelles.

5 › Beurrer l'intérieur des cocottes, y répartir la moitié de la pâte. Ajouter les tranches de pomme, les recouvrir avec le reste de pâte.

6 › Enfourner à 180 °C (th. 6) pendant 30 minutes. Mélanger le sucre restant avec le sucre vanillé. Dix minutes avant la fin de la cuisson, saupoudrer la surface des fars de ce mélange et enfourner à nouveau jusqu'à ce que les fars soient bien dorés.

7 › Déguster tiède ou froid.

flans à l'orange et à la noix de coco

3 oranges non traitées / 6 œufs / 80 g de sucre en poudre / 40 cl de lait de coco / 10 cl de lait / 100 g de noix de coco râpée / 20 g de beurre / 2 sachets de sucre vanillé.

6 MINICOCOTTES – PRÉP. : 15 MIN – CUISS. : 20 MIN

1 › Laver les oranges, râper l'écorce de l'une d'entre elles jusqu'à obtenir l'équivalent de 1 cuillerée à café de zeste. Presser les oranges.

2 › Fouetter les œufs avec le sucre. Ajouter le zeste et le jus des oranges, le lait de coco et le lait. Incorporer 70 g de noix de coco râpée. Bien mélanger l'ensemble.

3 › Beurrer l'intérieur des cocottes et verser la préparation.

4 › Placer les cocottes dans un grand plat allant au four, remplir d'eau aux deux tiers des cocottes. Enfourner à 180 °C (th. 6) pour 15 à 20 minutes jusqu'à ce que les flans soient pris.

5 › Mélanger le reste de noix de coco et le sucre vanillé, en parsemer la surface des flans et passer sous le gril quelques minutes.

6 › Laisser refroidir avant de déguster tiède ou froid.

fondues au chocolat

100 g de noisettes / 1 banane / 1 poire / 1 pomme / 1 orange / 2 kiwis / 3 petites brioches / 3 tranches de pain d'épice / 600 g de chocolat / 20 cl de crème fraîche liquide / 10 cl de lait / 100 g de beurre / 12 marshmallows.

6 MINICOCOTTES – PRÉP. : 15 MIN – CUISS. : 10 MIN

1 › Disposer les cocottes vides dans le four à 240 °C (th. 8).
2 › Hacher les noisettes au robot.
3 › Éplucher les fruits, les couper en tranches, en rondelles ou en cubes.
4 › Les disposer dans des coupelles.
5 › Couper la brioche et le pain d'épice en cubes.
6 › Briser le chocolat en petits morceaux. Faire chauffer la crème et le lait dans une casserole, ajouter le chocolat et le beurre coupé en petites parcelles. Faire fondre sur feu très doux ou au bain-marie jusqu'à ce que le mélange prenne la consistance d'une crème lisse et onctueuse. Incorporer les noisettes hachées.
7 › Sortir les cocottes du four, les remplacer par les dés de pain d'épice disposés dans une plaque de cuisson. Les faire griller 2 à 3 minutes en les retournant pour qu'ils soient croustillants.
8 › Remplir les cocottes de chocolat fondu et refermer les couvercles pour maintenir la préparation liquide.
9 › Servir immédiatement avec les fruits, les dés de pain d'épice, de brioche, les marshmallows.

En été, remplacer ces fruits par 12 abricots dénoyautés et coupés en quartiers, 3 pêches épluchées et coupées en tranches, 18 fraises équeutées, 24 cerises dénoyautées, 1 banane en rondelles.

gratins de fruits rouges au sabayon

150 g de fraises / 150 g de cerises / 20 g de beurre / 150 g de framboises.
Pour le sabayon : **4 jaunes d'œufs / 100 g de sucre en poudre / 20 cl de vin de muscat (vin blanc doux).**

6 MINICOCOTTES – PRÉP. : 15 MIN – CUISS. : 15 MIN

1 › Laver, essuyer les fraises et les cerises, équeuter les fraises et dénoyauter les cerises.
2 › Beurrer les cocottes. Couper tous les fruits et les répartir dans les cocottes.
3 › Verser les jaunes d'œufs dans un récipient supportant la chaleur et pouvant être contenu dans une casserole. Ajouter le sucre et fouetter vigoureusement jusqu'à ce que le mélange blanchisse.
4 › Incorporer le vin de muscat petit à petit en fouettant.
5 › Placer le récipient dans une casserole et remplir d'eau jusqu'aux deux tiers du récipient. Sur feu doux, faire épaissir le sabayon en fouettant sans cesse. Arrêter la cuisson dès que la crème nappe le fouet, le sabayon ne doit pas bouillir.
6 › Verser immédiatement le sabayon sur les fruits. Faire gratiner sans attendre sous le gril très chaud pendant 3 minutes. Servir immédiatement.

fondants au chocolat praliné

200 g de chocolat noir à 70 % de cacao / 150 g de beurre / 150 g de sucre en poudre / 3 œufs / 60 g de farine / 5 cuil. à soupe de pralin.

6 MINICOCOTTES – PRÉP. : 10 MIN
CUISS. : 1 H 05 MIN

1 › Couper le chocolat et le beurre en petits morceaux.
2 › Verser le sucre dans une casserole, ajouter 10 cl d'eau et porter à ébullition.
3 › Hors du feu, ajouter le chocolat et le beurre. Laisser fondre en remuant avec une spatule jusqu'à ce que le mélange soit bien lisse.
4 › Ajouter les œufs battus en omelette et la farine en pluie puis incorporer le pralin.
5 › Répartir la préparation dans les cocottes. Les disposer dans un plat allant au four, verser de l'eau jusqu'à mi-hauteur des cocottes.
6 › Cuire ainsi, au bain-marie, à 180 °C (th. 6) pendant 50 minutes.

Laisser bien refroidir avant de servir avec une crème anglaise ou de la crème fouettée.

gratins de poires aux spéculoos

9 spéculoos / 3 œufs / 50 g de sucre en poudre / 40 cl de crème fraîche liquide / 60 g de poudre d'amande / 4 poires / 2 sachets de sucre vanillé.

6 MINICOCOTTES – PRÉP. : 15 MIN – CUISS. : 30 MIN

1 › Casser les spéculoos en deux, répartir 3 morceaux au fond de chaque cocotte.
2 › Battre les œufs avec le sucre, incorporer la crème fraîche et la poudre d'amande.
3 › Éplucher les poires et les couper en lamelles.
4 › Recouvrir les spéculoos avec la crème, répartir les lamelles de poire et verser le reste de la crème sur les poires, saupoudrer de sucre vanillé.
5 › Enfourner à 180 °C (th. 6) pour 25 minutes, puis faire gratiner pendant 5 minutes sous le gril.

› fondants au chocolat praliné

mendiants à l'ananas

350 g de pain rassis ou de restes de brioche, quatre-quarts... / 2 boîtes d'ananas en rondelles / 3 cuil. à soupe de rhum / 1 gousse de vanille / 100 g de cassonade / 2 sachets de sucre vanillé / 130 g de beurre salé.

6 MINICOCOTTES – PRÉP. : 15 MIN – CUISS. : 25 MIN

1 › Détailler le pain rassis en cubes.

2 › Égoutter les tranches d'ananas au-dessus d'un récipient pour en recueillir le jus.

3 › Dans un bol, mélanger le rhum avec le jus d'ananas.

4 › Ouvrir la gousse de vanille, gratter l'intérieur avec la pointe d'un couteau. Ajouter la gousse et les graines au mélange rhum-jus d'ananas.

5 › Mélanger la cassonade et le sucre vanillé.

6 › Beurrer les cocottes. Dans chacune d'elles, étaler les dés de pain rassis en couche. Ajouter 1 tranche d'ananas, saupoudrer de cassonade puis parsemer de petits copeaux de beurre. Ajouter à nouveau les dés de pain puis la tranche d'ananas, la cassonade et le beurre.

7 › Arroser de rhum et de jus d'ananas.

8 › Refermer les cocottes et enfourner à 180 °C (th. 6) pour 15 minutes, baisser la température du four à 150 °C (th. 5), retirer le couvercle et prolonger la cuisson 10 minutes supplémentaires.

9 › Laisser tiédir avant de servir.

Accompagner chaque cocotte d'un petit ramequin de glace à la vanille ou de crème fouettée.

panna cotta, coulis de clémentines au gingembre

6 feuilles de gélatine / 90 cl de crème fraîche liquide / 150 g de sucre en poudre / 2 gousses de vanille.
Pour le coulis : 1 cm de gingembre / 500 g de clémentines / 100 g de sucre en poudre.

6 MINICOCOTTES – PRÉP. : 15 MIN – CUISS. : 10 MIN
REPOS : 4 H

1 › Faire ramollir les feuilles de gélatine dans l'eau froide.
2 › Verser la crème dans une casserole, ajouter le sucre. Ouvrir les gousses de vanille en deux et gratter les graines à l'intérieur, les ajouter à la crème ainsi que les gousses. Faire chauffer l'ensemble, à feu doux, tout en remuant. Aux premiers frémissements, éteindre la flamme, retirer les gousses et ajouter les feuilles de gélatine préalablement essorées. Les mélanger soigneusement à la crème.
3 › Verser ce mélange dans les cocottes, laisser refroidir puis réserver au réfrigérateur pendant 4 heures.
4 › Préparer le coulis de clémentines : râper le gingembre, éplucher les fruits, réserver 6 quartiers pour la décoration puis mixer le reste. Filtrer cette purée dans une passoire à grille fine. Verser le jus ainsi obtenu dans une casserole, ajouter le sucre et laisser réduire à feu doux jusqu'à l'obtention d'un coulis épais. Ajouter le gingembre râpé. Laisser refroidir.
5 › Servir les panna cottas dans les cocottes, nappées de coulis de clémentines.

panna
cotta

table des matières

Dépôt légal 2e trim. 2009 n° 3 579
Imprimé en U.E.